W9-BHJ-889

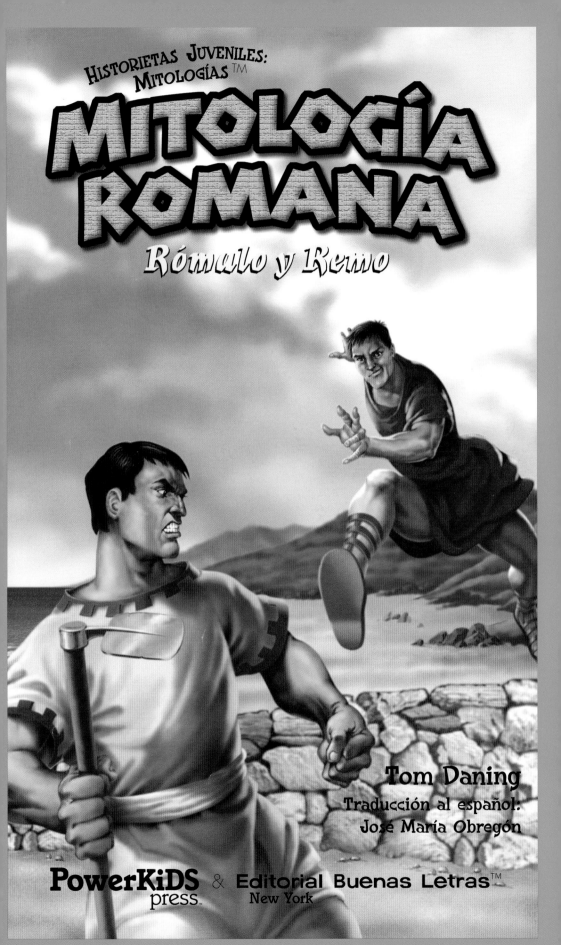

Published in 2009 by The Rosen Publishing Group, Inc.
29 East 21st Street, New York, NY 10010

First Edition

Editors: Daryl Heller and Julia Wong
Book Design: Greg Tucker
Spanish Edition Editor: Mauricio Velázquez de León
Illustrations: Q2A

Library of Congress Cataloging-in-Publication Data

Daning, Tom.
  [Roman mythology. Spanish]
  Mitologia romana : Rómulo y Remo / Tom Daning ; traducción al español, José María
Obregón. – 1st ed.
      p. cm. – (Historietas juveniles. Mitologías)
  Includes index.
  ISBN 978-1-4358-8570-7 (library binding) – ISBN 978-1-4358-3334-0 (pbk.)
  ISBN 978-1-4358-3335-7 (6-pack)
  1. Romulus, King of Rome–Juvenile literature. 2. Remus (Twin of Romulus, King of Rome)–
Juvenile literature. I. Obregón, José María, 1963- II. Title.
  BL820.R67D3618 2010
  398.20937'02–dc22
                                        2008055416

Manufactured in the United States of America

CONTENIDO

Personajes principales   3

Rómulo y Remo   4

Genealogía   22

Glosario   23

Índice y páginas en Internet   24

PERSONAJES PRINCIPALES

Ovidio *fue un poeta romano. Su poema Fasti, que en latín significa "calendario", trata de los mitos y las celebraciones de Roma. El poema inlcuye la historia de Rómulo y Remo. Ovidio vivió del año 43 a.C. al 17 d.C.*

Rea Silvia *era la madre de Rómulo y Remo. Rea Silvia era una de las mujeres que trabajaban para Vesta, la diosa del hogar y la fogata. Rea Silvia cuidaba el fuego eterno en el Templo de Vesta.*

Marte *era el padre de Rómulo y Remo y el dios romano de la guerra. Se encargaba de cuidar Roma. Cuando Rómulo murió, Marte lo llevó al cielo.*

Rómulo y Remo *eran los hijos gemelos de Marte y Rea Silvia. Durante una pelea, Rómulo asesinó a Remo. Más tarde, Rómulo fundó la ciudad de Roma y se convirtió en su líder. Al morir, Rómulo se convirtió en el dios Quirino.*

RÓMULO Y REMO

ROMA EN EL AÑO 5 D.C., EL POETA OVIDIO **ENTRETIENE** A ALGUNOS NIÑOS.

¡CUÉNTANOS OTRA HISTORIA, MAESTRO!

LES CONTARÉ LA HISTORIA DE CÓMO FUE CONTRUÍDA ROMA, NUESTRA GRAN CIUDAD.

ROMA FUE FUNDADA POR LOS HERMANOS GEMELOS, RÓMULO Y REMO.

LA HISTORIA COMIENZA ALREDEDOR DEL AÑO 800 A.C., EN LA CIUDAD ITALIANA DE ALBA LONGA.

PROCAS ERA EL REY DE ALBA LONGA. PROCAS ERA UN LÍDER PODEROSO PERO MUY BONDADOSO.

DESPUÉS DE MUCHOS AÑOS, EL VIEJO REY CAYÓ ENFERMO.

SUS HIJOS, NUMITOR Y AMULIO, FUERON LLAMADOS.

ANTES DE MORIR, EL REY ELIGIÓ A NUMITOR PARA CONTINUAR SU REINADO.

SIN EMBARGO, AMULIO SE *APODERÓ DEL TRONO.*

¡AMULIO! ¡NO HAGAS ESTO!

AMULIO **DESTERRÓ** A NUMITOR AL CAMPO. CON EL TIEMPO, LOS **PASTORES** Y GRANJEROS HICIERON A NUMITOR SU LÍDER.

NUMITOR TUVO UNA HIJA A LA QUE LLAMÓ REA SILVIA. AMULIO TEMÍA QUE SI REA SILVIA TENÍA HIJOS, ESTOS BUSCARÍAN **VENGARSE** DE ÉL.

¡JAMÁS TOMARÁS MI CORONA!

AMULIO CONVIRTIÓ A REA SILVIA EN UNA **SACERDOTISA** DE VESTA. LAS SACERDOTISAS NO TENÍAN PERMITIDO CASARSE.

LA CANASTA QUEDÓ ATRAPADA EN LAS RAMAS DE UNA HIGUERA EN EL RÍO.

MARTE ENVIÓ A UNA LOBA Y A UN PÁJARO CARPINTERO A AYUDAR A LOS BEBÉS.

LA MAMÁ LOBA SE ENCARGÓ DE LOS NIÑOS Y LOS MANTUVO SEGUROS.

UN DÍA, UN PASTOR LLAMADO FÁUSTULO ENCONTRÓ A LOS LOBOS Y A LOS NIÑOS.

FÁUSTULO ESPERO UN MOMENTO DE DISTRACCIÓN DE LA LOBA PARA TOMAR A LOS NIÑOS.

LUEGO LOS LLEVÓ A CASA, CON SU ESPOSA.

¡DEBEMOS ENCONTRAR A SUS PAPÁS!

FÁUSTULO PENSÓ QUE LOS NIÑOS LES PERTENECÍAN A ELLOS.

LOS DIOSES NOS HAN ELEGIDO PARA CUIDAR DE ELLOS. LOS LLAMAREMOS RÓMULO Y REMO.

RÓMULO Y REMO SE HICIERON PASTORES COMO FÁUSTULO.

PRONTO, LOS CHICOS SE ABURRIERON Y COMENZARON A ENTRETENERSE DE OTRAS MANERAS.

EN OCASIONES, LES ROBABAN EL **BOTÍN** A OTROS LADRONES.

UN DÍA, LOS LADRONES ATRAPARON A REMO.

¡NOS ENCONTRAMOS NUEVAMENTE!

LOS HERMANOS HICIERON UN PLAN PARA RESCATAR A SU MADRE DE PRISIÓN.

UNA NOCHE, SE DISFRAZARON COMO GUARDIAS Y ENTRARON AL PALACIO DE ALBA LONGA.

GUARDIA, ¡PÁSEME ESE PERGAMINO!

EN SEGUIDA, SU MAJESTAD.

¿O DEBO LLAMARTE TÍO?

EXIGIMOS LA LIBERTAD DE NUESTRA MADRE.

LOS HERMANOS MATARON A AMULIO. NUMITOR SE CONVIRTIÓ EN EL REY LEGÍTIMO DE ALBA LONGA. REA SILVIA FUE LIBERADA.

ESE NO PUEDE SER EL FINAL DE LA HISTORIA. VIVIMOS EN ROMA, NO EN ALBA LONGA.

BAJO EL REINO DE AMULIO, LA CIUDAD SE HABÍA POBLADO DEMASIADO.

RÓMULO Y REMO LE PRESENTARON A NUMITOR UN PLAN PARA CONSTRUIR UNA NUEVA CIUDAD.

CONSTRUIRÉ EN LA COLINA AVENTINO.

CONSTRUIRÉ EN LA COLINA DE PALATINO.

AL DÍA SIGUIENTE, 12 **BUITRES** LLEGARON A LA COLINA PALATINO, DONDE CONSTRUÍA RÓMULO. SÓLO 6 BUITRES LLEGARON A A LA COLINA AVANTINO, DONDE CONSTRUÍA REMO. LOS DIOSES HABÍAN HABLADO.

SIENDO **FIEL** AL SUEÑO DE SU HERMANO, RÓMULO CONSTRUYÓ LA CIUDAD A LA QUE LLAMÓ ROMA EN SU HONOR.

ÁRBOL GENEALÓGICO

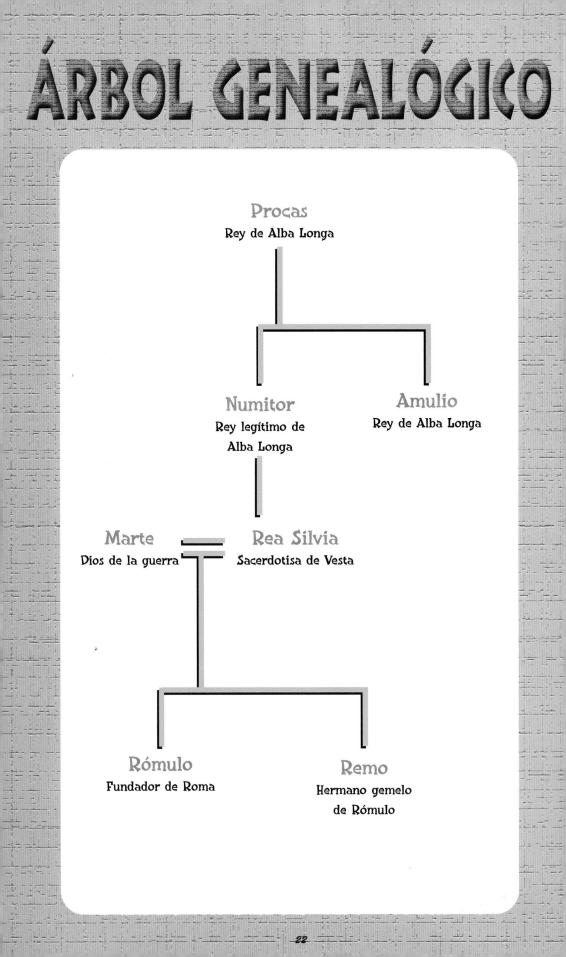

Procas
Rey de Alba Longa

Numitor
Rey legítimo de
Alba Longa

Amulio
Rey de Alba Longa

Marte
Dios de la guerra

Rea Silvia
Sacerdotisa de Vesta

Rómulo
Fundador de Roma

Remo
Hermano gemelo
de Rómulo

GLOSARIO

apoderarse   Tomar por la fuerza.

botín (el) Dinero u objetos que han sido robados.

buitres (los) Aves de gran tamaño que comen animales muertos.

capturado Controlar por la fuerza.

demandar Pedir algo.

desterrar Forzar a alguien a dejar su país.

entretener Mantener a alguien interesado o contento.

fidelidad (la) Mantener una promesa.

pastores (los) Personas a cargo de las ovejas.

sacerdotisa (la) Una mujer que actúa en nombre de los dioses.

trono (el) El poder de un rey.

venganza (la) Herir a una persona que te ha herido.

ÍNDICE

A
Alba Longa, 5–6, 16–17, 21
Amulio, 6–9, 13, 17
Aventino, 17–18

B
buitres, 18

F
Fáustulo, 11–12, 14

L
lobo(as), 10–11

M
Marte, 8

N
Numitor, 6–7, 13–15, 17

O
Ovidio, 4, 21

P
Palatino, 17–18

R
Roma, 4, 17, 20–21

S
Silvia, Rea, 7–9, 11, 15, 17

T
trono, 6

V
venganza, 7
Vesta, sacerdotisas de, 7

PÁGINAS EN INTERNET

Debido a los constantes cambios en los enlaces de Internet, Rosen Publishing Group, Inc. mantiene una lista de sitios en la red relacionados con el tema de este libro. Esta lista se actualiza regularmente y puede ser consultada en el siguiente enlace: www.powerkidslinks.com/myth/romulus/